"단어 하나가 길이 되어
너를 넓고 깊은 세계로 이끌기를. 그 여정이
너에게 의미 있는 이야기가 되길."

- 통로 현아샘-

세상에 하나뿐인 _____ 의 사전입니다.

- 이 책을 읽기 전에 -

우리 아이 안에 살아 있는 단어를 깨워 주세요.

『내가 만드는 초등 첫 가치 사전』은 초등교육 전문가 이현아 선생님이 16년간 아이들과 함께 쌓아 온 대화와 성찰의 기록을 바탕으로, 아이의 내면을 키우는 가치 단어를 생생하게 담아낸 책입니다.

이 책은 2022 개정 교육과정 국어 교과서에 실린 필수 어휘를 반영하여 초등학생에게 꼭 필요한 단어 30개를 엄선해 수록했습니다. 실제 교실에서 아이들이 들려준 살아 있는 말을 생생하게 담아 누구나 몰입하고 공감할 수 있도록 구성했습니다.

이 책은 단어를 익히는 데 그치지 않고, 아이가 스스로 단어의 의미를 탐구하고 재구성하도록 이끕니다. 자신만의 언어로 단어를 새롭게 정의하는 여정은 아이의 내면을 비춰 주는 거울이자 자기를 이해하고 통찰하는 기회가 됩니다. 단어를 탐구하고 생각을 펼치며 의미를 창조하는 모든 순간이 아이에게 새로운 세상을 발견하는 신나는 모험이 될 것입니다.

『내가 만드는 초등 첫 가치 사전』을 통해 우리 아이 안에 살아 있는 단어를 깨워 주세요. 자기만의 언어로 삶의 의미를 발견하는 아이는 그 언어로 세상을 이끌어 갈 힘을 지니게 될 것입니다.

차례

작가의 말 – 어린이에게 전하는 편지 … 4

이렇게 활용해요 … 8

1장 | 학교생활 – 나를 알고 관계를 배워요

1	괜찮아	나를 응원해 주는 말 … 12
2	도서관	새로운 세상으로 떠날 수 있는 곳 … 16
3	방학	무거운 가방을 내려놓는 시간 … 20
4	별명	특별한 이름 … 24
5	선생님	용기를 주는 사람 … 28
6	안녕	너와 나를 이어 주는 아름다운 다리 … 32
7	우정	다양한 친구와 그리는 멋진 그림 … 36
8	입학식	껍질을 까지 않은 아이스크림 … 40
9	지우개	틀려도 실수해도 괜찮아 … 44
10	학교	사회생활의 첫걸음을 떼는 곳 … 48

2장 | 일상생활 – 오늘 하루를 소중히 해요

11	거짓말	굴러가는 작은 눈덩이 … 54
12	놀다	마음껏 놀고 실컷 웃는 시간 … 58
13	마스크	네 눈을 자세히 보게 하는 물건 … 62

14	사춘기	마음과 몸이 자라는 시기	… 66
15	생일	부모님 덕분에 이 세상에 태어난 날	… 70
16	스마트폰	하루 종일 손에서 떨어지지 않는 너	… 74
17	양심	신발 속에 들어간 돌멩이	… 78
18	엄마	부르기만 해도 힘이 나는 사람	… 82
19	일기장	내 생각이 자라는 공간	… 86
20	혼자 할 수 있어요	용기가 생기는 마법의 주문	… 90

3장 | 가치·감정 - 마음 한 뼘이 자라나요

21	끈기	끝까지 물고 늘어지는 한판 승부	… 96
22	다행스럽다	걱정했던 것보다 만족스러운 마음	… 100
23	두려움	성장하고 있다는 증거	… 104
24	믿음	나 자신을 다독이는 것	… 108
25	뿌듯함	풍선처럼 부풀어 오르는 마음	… 112
26	설렘	여행 가기 전날 밤 느끼는 기분	… 116
27	용기	등 뒤에서 살며시 밀어 주는 힘	… 120
28	정성	반찬에 솔솔 뿌린 깨소금 같은 마음	… 124
29	책임	내가 할 수 있는 1인분의 몫	… 128
30	통쾌함	열심히 노력한 뒤 얻어 낸 당당한 기분	… 132

작가의 말 - 어린이에게 전하는 편지

 살아 숨 쉬는 너만의 가치 사전을 만들어 봐!

안녕, 어린이 탐험가들! 단어라는 신비로운 세계로 여행을 떠나볼까? 나는 서울의 초등학교에서 아이들을 가르치고 있는 이현아 선생님이야. 어느 날 아이들과 책을 읽다가 단어의 뜻이 궁금해서 국어사전을 펼쳤는데, 거기 적힌 말이 더 어려워서 다 같이 고개를 갸우뚱한 적이 있어. 혹시 너도 그런 적 있지 않니?

사전 속 단어는 마치 호수 바닥에 가라앉은 조약돌 같아. 물 위에서 들여다보면 모양을 짐작할 수 있지만, 질감은 직접 손으로 만져보기 전에 알 수 없어. 얼마나 매끈한지 거칠거칠한지 말이야. 너만의 언어로 단어를 탐구하고 의미와 가치를 발견하는 순간, 그 단어는 더 이상 조용히 가라앉아 있지 않아. 네 손끝에서 생명을 얻고, 고유한 색을 입으며, 이야기를 시작하지.

그 마음으로 우리 반 아이들과 함께 『내가 만드는 초등 첫 가치 사전』을 쓰기 시작했어. 각자의 경험과 감각으로 단어를 다시 들여다보고 자기만의 언어로 새롭게 정의했지. 그렇게 우리만의 살아 있는 가치 사전이 탄생한 거야.

이제 너도 함께해 볼래? 이 책을 읽으면서 다양한 시선으로 단어를 탐구하고 너만의 언어로 그 의미를 다시 쓰다 보면, 이렇게 달라질 거야.

첫째, 단어를 느끼는 감각이 열릴 거야.
사전 속 단어는 머리로 이해하지만, 너만의 가치 사전 속 단어는 온몸으로 느낄 수 있어. 단어는 단순한 글자가 아니라 네 기억과 경험을 따라 살아 움직이거든. 예를 들어 '양심'이라는 단어를 떠올려 봐. 사전에는 '옳고 그름을 구별하는 마음'이라고 적혀 있지만, 우리가 만든 가치 사전에는 이렇게 썼어.

"양심은 신발 속에 들어간 돌멩이예요. 거짓말을 하려고 하면 마음이 불편해지거든요. 양심이 하는 말을 들으면, 신발 속 돌멩이를 털어 낸 것처럼 마음이 한결 가볍고 후련해요."

"양심은 마음속 빨간 신호등이에요. 왜냐하면 나쁜 일을 하려고 할 때 마음 한쪽에서 빨간 불이 켜지며 멈춰야 한다고 알려 주거든요."

단어 속에 단순한 개념만이 아니라 상황과 감각이 또렷하게 담겨 있어. 어때, 손에 잡힐 듯 생생하지?

둘째, 스스로 의미를 만드는 힘이 길러질 거야.
이 책을 통해 너만의 시선으로 단어를 바라보고 새로운 의미를 담아내는 방법을 배울 거야. 다른 사람들의 말을 따라 하는 대신 너만의 느낌과 경험을 담은 표현으로 세상과 소통할 수 있어.

"우정은 슬라임이에요. 친구와 다툰 날에는 콩알만 해지고, 사이가 좋은 날에는 쭈욱 늘어나서 커져요."
"거짓말은 모래성 같아요. 처음에는 단단해 보이지만 작은 파도나 바람에도 쉽게 무너져요."

이런 표현들이 어디서 나왔을까? 슬라임을 만졌던 손끝의 느낌, 모래성이 무너지는 걸 지켜보던 순간의 기억. 바로 그런 경험이 단어에 생명력을 불어넣은 거야. 이렇게 단어를 탐구하고 생각을 펼쳐 나가다 보면 너는 스스로 의미와 가치를 만드는 힘을 갖게 될 거야.

마지막으로, 세상을 보는 시선이 넓어질 거야.
같은 세상도 누구의 눈으로 보느냐에 따라 다르게 보여. 우리 반 아이들이 같은 지우개를 보고도 이렇게 다양하게 표현한 것처럼 말이야.

"지우개는 말썽꾸러기예요. 왜냐하면 낙서는 깨끗이 지우지만 자기 가루를 슬쩍 남겨 놓고 가거든요."

"지우개는 조금 불쌍해요. 남의 실수를 지우느라 자기 몸이 점점 작아지니까요."

같은 지우개인데 어떤 친구는 말썽꾸러기를 떠올리고 또 다른 친구는 불쌍하다고 느끼다니, 참 신기하지? 이렇게 단어를 다양한 눈으로 탐구하다 보면 세상을 바라보는 네 시선도 훨씬 넓어질 거야.

너만의 가치 사전을 만들고 나면 너는 작가로서 첫 발걸음을 뗀 거야. 작가는 세상을 섬세하게 바라보고 자기만의 언어로 표현하는 사람이니까. 너만의 방식으로 단어를 탐구하다 보면 네 안에서 이야기의 씨앗을 발견할 거야. 그 살아 있는 씨앗이 너를 창작의 세계로 데려가 줄 거야.

이제 준비됐니? 먼저 손을 뻗어 단어를 만져 봐. 그 단어가 네 세상을 환하게 비춰 줄 거야. 단어가 품은 무한한 가능성의 문을 함께 열어 보자. 오늘 네가 쓴 단어 하나가 내일은 멋진 이야기의 첫 문장이 될 거야. 네가 앞으로 어떤 길을 걷든, 살아 있는 언어로 자기만의 세계를 자신 있게 펼쳐 낼 줄 아는 사람이 되기를 진심으로 바라며.

이렇게 활용해요

국어사전에 실린
단어의 기본 뜻을 살펴봐요.

학교생활 10

친구들과 함께 어울리고, 수업을 들으며 배움을 얻는 곳이에요.

똑똑 생각 열기

학교는 사회생활의 첫걸음을 떼는 곳이야.
새 학년이 시작되면 새로운 선생님, 친구들과
한 교실에서 생활하며 건강하게 관계 맺는 법을 배우지.
선생님도 학교에서 너희와 함께하며
서로 다른 생각과 마음을 이해하고
존중하는 법을 배우고 있단다.

"오늘도 우리는 학교에서 배우며 자라고 있어.
매일 조금씩 어제보다 잘하고 있어."

그림을 보며 단어의
또 다른 의미를 생각해요.

생각의 창을 열어 주는
이현아 선생님의
다정한 메시지를 읽고,
생각하는 힘과
단단한 마음을 길러요.

단어에 대한 친구들의
다양한 생각을 살펴봐요.

나만의 생각으로
단어를 새롭게 정의하고
새로운 가치를 더해 봐요.

친구들의 별별 생각 읽기

🌱 학교는 만남의 장소예요.
  왜냐하면 집에 혼자 있으면 심심한데,
  학교에 가면 와글와글 친구들과 놀 수 있어서 재미있어요.

🌱 학교는 아직은 나랑 서먹한 친구예요.
  가끔은 교실을 찾아 헤매기도 하고,
  친구들이 말을 걸면 쑥스러워서 얼굴이 빨개져요.

🌱 학교는 블록 쌓기와 같아요.
  다양한 블록을 쌓아서 멋진 성을 만드는 것처럼
  학교에서 다양한 친구들과 함께 어울리면서 서로 배우고 성장해요.

나만의 말랑말랑 생각 표현하기

💡 학교는
  왜냐하면   Tip①

💡 학교는
                              Tip②

뭉게뭉게 생각 키우기

오늘 아침 학교에 갈 때
어떤 기분이 들었니?

단어에 대한 생각을
확장시켜 주는 질문을 읽고
친구, 부모님과 함께 생각을
도란도란 나눠 보세요.

💡 **Tip①** : 내가 정의한 문장에 대해
그렇게 생각하는 이유를
'왜냐하면 ~때문이에요.' 형식에 따라 적으며
생각을 간결하고 논리적으로 표현할 수 있어요.

💡 **Tip②** : 단어에 대한 나만의 생각을 자유롭게
표현하며 사고력과 표현력, 창의성을 기를 수 있어요.

* 나를 알고 관계를 배워요 *

1

학교생활

학교생활 01

걱정이나 문제 될 게 없는 상태를 말해요.

똑똑 생각 열기

릴레이 달리기를 하다가 넘어진 나에게
친구가 다가와 손을 내밀며 말해.
"괜찮아? 내가 손잡아 줄게."
꼴찌가 될지도 모르지만, 포기하지 않겠다고 스스로 다짐해.
"괜찮아, 끝까지 달려 보자."
결승선에 가장 늦게 도착한 나를 따뜻하게 응원해 주는 말,
"괜찮아, 괜찮아!"

"천천히 가도 괜찮아. 포기하지 않고 끝까지 해냈잖아.
오늘도 꽤 괜찮은 하루였어."

친구들의 별별 생각 읽기

🍀 '괜찮아'는 상처를 보호해 주는 밴드예요.
왜냐하면 친구가 넘어진 나를 일으켜 주며 "괜찮아?" 하고 물어보면 무릎에 난 상처도, 마음도 조금은 덜 아프게 느껴지거든요.

🍀 '괜찮아'는 나에게 용기를 주는 마법의 주문이에요.
시합이나 대회에 나가기 전에 나만 들리는 작은 목소리로 "괜찮아." 하고 속삭이면 긴장이 풀리고 용기가 차오르거든요.

🍀 '괜찮아'는 마음에 뜬 무지개예요.
친구가 실수로 내 그림에 물을 쏟고 사과했을 때, 속상했지만 "괜찮아."라고 말했어요. 그랬더니 무지개가 떠오르는 것처럼 마음이 환해졌어요.

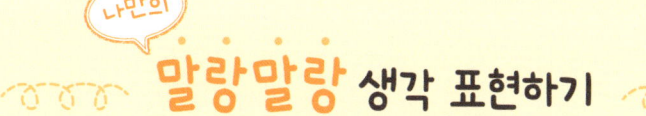

말랑말랑 생각 표현하기

'괜찮아'는

왜냐하면

'괜찮아'는

뭉게뭉게 생각 키우기

친구나 나 자신을 위로할 때
"괜찮아?" 대신
또 어떤 말을 할 수 있을까?

학교생활 02

다양한 책을 보관하여 사람들이 책을 읽고, 빌릴 수 있는 곳이에요.

똑똑 생각 열기

도서관은 공항이야.
공항에서 비행기를 타고 새로운 나라로 떠나는 것처럼,
도서관에서 책을 펼치면 낯선 세상으로 여행을 떠날 수 있어.

"도서관에서 책의 날개를 타고
여기가 아닌 어딘가로 훨훨 날아가 보렴.
지금껏 알지 못했던
새로운 세상을 만나면서
마음의 지도를 조금씩 넓혀 가는 거야."

친구들의 별별 생각 읽기

🍀 **도서관**은 할머니의 무릎이에요.
왜냐하면 도서관에 가면 너무 조용해서
졸음이 스르륵 오거든요. 이따금 책을 펼치고
앉아서 고양이처럼 꾸벅꾸벅 졸기도 해요.

🍀 **도서관**은 언제나 나를 기다려 주는 친구예요.
도서관에 가서 좋아하는 책을 꺼내어 읽으면, 친한 친구를
만난 것처럼 마음이 편안해져요.

🍀 **도서관**은 나만을 위한 영화관이에요.
이야기 속에 푹 빠져들면 상상의 세계가
영화처럼 눈앞에 펼쳐지기 때문이에요.

나만의 말랑말랑 생각 표현하기

도서관은

왜냐하면

도서관은

뭉게뭉게 생각 키우기

좋아하는 책으로 도서관을 만든다면 어떤 책들로 채우고 싶니?

학교생활 03

여름과 겨울에 일정 기간 학교에서 수업을 쉬는 기간을 말해요.

똑똑 생각 열기

방학은 산에 오르다 잠시 벤치에 앉아서
살랑이는 바람을 느끼는 순간과 같아. 방학 동안만큼은
무거운 가방을 내려놓고 주위를 둘러봐. 시원한 바다에서 첨벙,
새하얀 눈밭에서 씽씽! 마음껏 뛰놀며 방학의 즐거움을 만끽해 봐.

"이번 방학 숙제 3가지!
1. 하루에 한 번, 하늘 올려다보기
2. 아침에 일어나면 이불을 정리하고 상쾌한 하루 시작하기
3. 마음에 드는 책을 보다가 까무룩 잠드는 여유 즐기기
어때, 할 수 있겠지?"

친구들의 **별별** 생각 읽기

🍀 **방학**은 달콤 쌉싸름한 초콜릿이에요.
왜냐하면 입안에서 금방 사라지는 초콜릿처럼 순식간에 지나가 버리거든요. 그리고 방학이 끝날 때쯤 밀린 숙제를 보고 있으면 씁쓸한 맛이 남아요.

🍀 **방학**은 나무늘보로 변하는 시간이에요.
아침에 침대에서 뒹굴뒹굴,
점심에 침대에서 뒹굴뒹굴,
하루 종일 천천히 움직여도 되는 특별한 시간이거든요.

🍀 **방학**은 잠시 쉬어가는 정거장이에요.
학교와 선생님 곁을 잠시 떠나 있는 시간이고,
가족들과 여행을 떠나는 시간이기도 하니까요.

나만의 말랑말랑 생각 표현하기

방학은 _____

왜냐하면 _____

_____

방학은 _____

_____

_____

_____

뭉게뭉게 생각 키우기

이번 방학 때
꼭 하고 싶은 일은 무엇이니?

학교생활 04

생김새나 버릇, 성격 등의 특징으로 만들어진 또 다른 이름이에요.

똑똑 생각 열기

친하게 지내는 사람이나 좋아하는 친구가 생기면
그 사람만을 위한 특별한 **별명** 을 지어 주고 싶어.
듣기만 해도 마음이 따뜻해지고
기분 좋아지는 별명을 만들어서 불러 주면 어떨까?
별명은 나만 불러 줄 수 있는 특별한 이름이잖아.
선생님은 너희들을 이렇게 부르고 싶어.

"사랑하는 반짝이들아, 너희들의 맑은 눈에는
반짝이는 빛이 가득하단다. '반짝이'라는 별명을 들을 때마다
너희 모습 그대로 소중하고 빛나는 존재라는 걸 기억해 줘."

친구들의 별별 생각 읽기

🍀 **별명**은 자석이에요.
왜냐하면 기분 좋은 별명은
친구를 더 가까이 끌어당기지만,
상처 주는 별명은 친구를 멀어지게 만들거든요.

🍀 **별명**은 우리만 아는 암호예요.
엄마의 휴대폰에는 내 이름 대신 '귀요미'가
저장되어 있어요. 그래서 내가 전화를 하면 엄마는
킥킥 웃으면서 받아요. "우리 귀요미, 뭐 하고 있었어?"

🍀 **별명**은 작은 가시 같은 거예요.
처음에는 장난처럼 들려도, 자꾸 들으면 마음속에 콕 박혀
아프거든요. "야, 토끼 이빨!"이라고 부르는 친구 때문에
거울을 볼 때마다 마음이 따가워요.

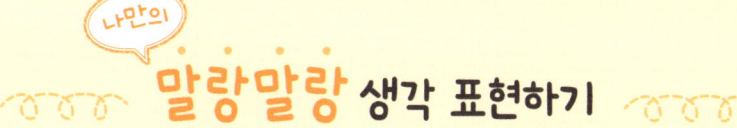 나만의 말랑말랑 생각 표현하기

별명은
왜냐하면

별명은

뭉게뭉게 생각 키우기

친구들이 내 별명을 지어 준다면,
어떤 별명이 좋을까?

학교생활 05

선생님

학생을 가르치는 사람이에요.

똑똑 생각 열기

선생님은 용기를 주는 사람이야.

선생님에게도 여전히 등을 밀어 주는 선생님이 계신단다.

그분의 말씀이 지금도 가슴속에 남아 있어.

"너는 새로운 길을 개척해 나가는 사람이야.

길을 열고, 지도를 만들어 나가렴.

언제나 네 뒤에서 응원할게."

선생님의 말씀 덕분에 앞이 보이지 않아 막막할 때도

포기하지 않고 나만의 길을 만들어 갈 수 있었어.

친구들의 별별 생각 읽기

🍀 **선생님**은 코코아 한 잔이에요.
왜냐하면 전학 온 첫날 잔뜩 긴장하고 있을 때
선생님께서 안아 주셨는데 따뜻한 코코아를
마신 것처럼 내 마음이 사르르 녹았거든요.

🍀 **선생님**은 흰색 물감이에요.
예전에는 화가 나면 마음이 빨간색으로 가득 찼어요.
그런데 흰색 물감 같은 선생님을 만난 덕분에 많이
차분해졌어요. 요즘 내 마음은 부드러운 분홍색이에요.

🍀 **선생님**은 눈이 여덟 개예요.
분명히 다른 곳을 보고 계셔서 짝이랑 이야기를 나눴는데,
딱 제 이름을 부르셨어요. 아무래도 선생님은 뒤통수랑
팔꿈치에도 눈이 달린 것 같아요.

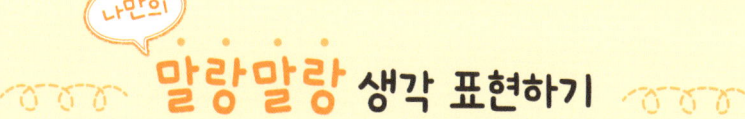

나만의 말랑말랑 생각 표현하기

선생님은
왜냐하면

선생님은

뭉게뭉게 생각 키우기

오늘 하루, 선생님이 들려주신 말씀 중에
가장 기억에 남는 한마디는 무엇이니?

학교생활 06

만나거나 헤어질 때 건네는 인사말이에요.

똑똑 생각 열기

"안녕?"
아침에 복도에서 친구가 인사를 건네면
알록달록한 빛이 나에게로 날아와.
"안녕?"
나도 친구에게 인사를 하면
그 빛이 부메랑처럼 다시 친구에게로 날아가.

"안녕과 안녕 사이에 일곱 빛깔 무지개가 생겼어.
인사를 할 때마다 너와 나를 이어 주는
아름다운 다리가 생기는 거야."

친구들의 별별 생각 읽기

🍀 '안녕'은 난로처럼 따뜻해요.
　왜냐하면 친구랑 처음 만나서 어색할 때
　"안녕?"이라고 말하면,
　마음이 따뜻하게 녹으니까요.

🍀 '안녕'은 때때로 하고 싶지 않아도 해야 하는 말이에요.
　친구와 헤어질 때나 사랑하는 가족을 떠나보낼 때,
　마지막으로 건네야 하는 말이니까요.

🍀 '안녕'은 용기 한 스푼이에요.
　친해지고 싶은 친구에게 먼저 "안녕."이라고
　말하려면, 용기 한 스푼이 꼭 필요해요.

나만의 말랑말랑 생각 표현하기

'안녕'은

왜냐하면

'안녕'은

뭉게뭉게 생각 키우기

오늘 가장 먼저 인사를 나눈 친구는 누구니?
어떤 이야기를 나누었니?

학교생활 07

친구 사이에 주고받는 마음을 말해요.

똑똑 생각 열기

교실에는 알록달록 물감처럼
다양한 성격과 생각을 가진 친구들이 있어.
우정은 이런 여러 가지 색깔의 물감을
'나'라는 붓에 묻혀서 아름다운 그림을 그려 보는 거야.

"올해 나는 우리 반에서 어떤 색깔의 물감을 만나게 될까?
내 마음속 팔레트에는 어떤 색이 더해질까?
설레는 마음으로 새로운 색을 섞어 가며
멋진 그림을 그려 보자."

친구들의 별별 생각 읽기

🍀 **우정**은 슬라임이에요.
왜냐하면 우정의 모양과 크기는 계속 바뀌기 때문이에요.
친구랑 다툰 날에는 콩알만 해지고, 사이가 좋은 날에는
쭈욱 늘어나서 커져요.

🍀 **우정**은 하나 남은 초콜릿을 친구에게
줘도 아깝지 않은 마음이에요.
내가 준 초콜릿을 먹고 좋아하는
친구의 모습을 보면 내가 먹지 않아도
기분이 좋아지거든요.

🍀 **우정**은 퍼즐 조각을 맞추는 것과 같아요.
좋아하는 연예인도, 입맛도 다를 수 있지만,
함께 어울리다 보면 서로의 빈자리를
채우며 멋진 그림을 완성할 수 있어요.

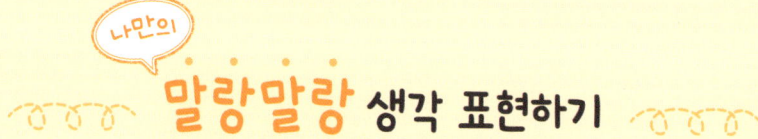 나만의 **말랑말랑** 생각 표현하기

우정은
왜냐하면

우정은

뭉게뭉게 생각 키우기

우정을 그림으로 그린다면
어떤 색깔과 모양으로 그릴 수 있을까?

학교생활 08

학생이 되어 학교에 들어가는 것을 기념하는 행사예요.

똑똑 생각 열기

입학식은 아직 껍질을 까지 않은 아이스크림이야.
어떤 맛일지 알 수 없어 설레고 궁금하지.
아이스크림을 손에 들고 맛을 상상하는 것처럼,
입학식 날도 가슴이 두근거려.

"올해 내 학교생활은 어떤 맛일까?
첫입을 베어 물 때의 설렘을 안고,
입학식에서 만난 친구들과 함께
새콤달콤한 추억을 만들어 보자."

친구들의 별별 생각 읽기

🍀 **입학식**은 뿌듯한 얼굴이에요.
　왜냐하면 조금 더 자란 내 모습이 스스로도 뿌듯하고,
　나를 지켜보는 엄마 아빠도 자랑스러운 표정을 짓고 있으니까요.

🍀 **입학식**은 비행기가 뜨기 전의 순간 같아요.
　낯선 친구들 사이에 있으면
　비행기가 활주로를 달릴 때처럼
　긴장도 되고, 가슴이 두근거리니까요.

🍀 **입학식**은 어깨가 무거워지는 날이에요.
　앞으로 더 무거운 가방을 메고 다녀야 하고,
　학생으로서 지켜야 할 약속들도 많아지니까요.

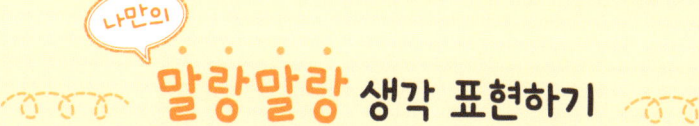 나만의 **말랑말랑** 생각 표현하기

입학식은
왜냐하면

입학식은

뭉게뭉게 생각 키우기

맨 처음 교실에 들어섰을 때,
어떤 기분이 들었니?

지우개

글씨나 그림을 지울 때 사용하는 물건이에요.

글씨가 삐뚤빼뚤하고 맞춤법이 틀려도 괜찮아.
지우개로 쓱쓱 지우고 다시 쓰면 되니까.
공책을 깨끗이 지워 주는 지우개처럼,
마음속 걱정까지 말끔히 없애 주는
'걱정 지우개'가 우리 교실에 있다면 얼마나 좋을까?
실수할까 봐 걱정하는 친구가 있다면 '걱정 지우개'를 들고
달려가서 두려운 마음을 살살 지워 주고 싶어.

"실수해도 괜찮아. 쓱쓱 지우고, 훌훌 털어 낸 다음
다시 시작하면 되는 거야."

친구들의 별별 생각 읽기

🍀 **지우개**는 말썽꾸러기예요.
왜냐하면 낙서는 깨끗이 지우지만 자기 가루를 슬쩍 남겨 놓고 가거든요.

🍀 **지우개**는 발이 달렸나 봐요.
필통에서 꺼내 쓰려고 할 때마다
사라져서 안 보이거든요.
나중에 보면 가방 속에서 뒹굴고 있거나
서랍 속 구석에 숨어 있어요.
필통 안이 답답해서 자꾸만 도망치는 걸까요?

🍀 **지우개**는 조금 불쌍해요.
남의 실수를 지우느라 자기 몸이 점점 작아지니까요.
그러다 어느 날 보면 아예 사라지기도 해요.
어? 어디 갔지?

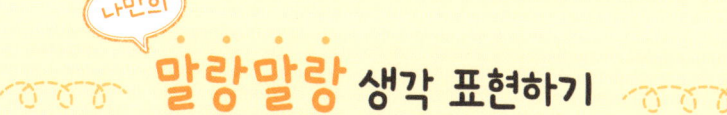
말랑말랑 생각 표현하기

지우개는

왜냐하면

지우개는

뭉게뭉게 생각 키우기

'걱정 지우개'가 있다면
어떤 걱정을 지우고 싶니?

학교생활 10

친구들과 함께 어울리고, 수업을 들으며 배움을 얻는 곳이에요.

똑똑 생각 열기

 는 사회생활의 첫걸음을 떼는 곳이야.
새 학년이 시작되면 새로운 선생님, 친구들과
한 교실에서 생활하며 건강하게 관계 맺는 법을 배우지.
선생님도 학교에서 너희와 함께하며
서로 다른 생각과 마음을 이해하고
존중하는 법을 배우고 있단다.

"오늘도 우리는 학교에서 배우며 자라고 있어.
매일 조금씩 어제보다 잘하고 있어."

친구들의 별별 생각 읽기

🍀 학교는 만남의 장소예요.
왜냐하면 집에 혼자 있으면 심심한데,
학교에 가면 친구들과 와글와글 놀 수 있어서 재미있어요.

🍀 학교는 아직은 나랑 서먹한 친구예요.
가끔은 교실을 찾아 헤매기도 하고,
친구들이 말을 걸면 쑥스러워서 얼굴이 빨개져요.

🍀 학교는 블록 쌓기와 같아요.
다양한 블록을 쌓아서 멋진 성을 만드는 것처럼
학교에서 다양한 친구들과 함께 어울리면서 서로 배우고 성장해요.

나만의 말랑말랑 생각 표현하기

학교는

왜냐하면

학교는

뭉게뭉게 생각 키우기

오늘 아침 학교에 갈 때
어떤 기분이 들었니?

* 오늘 하루를 소중히 해요 *

2

일상생활

일상생활 11

거짓말

사실과 다르게 꾸며 내서 하는 말이에요.

똑똑 생각 열기

거짓말은 내리막길에서 작은 눈덩이를 굴리는 것과 같아. 처음에는 사소한 거짓말 하나로 시작하지. 그걸 감추려다 얼떨결에 또 다른 거짓말을 하고, 들킬까 봐 조마조마한 마음에 또 거짓말을 하게 돼. 그러다 보면 어느새, 눈덩이는 내리막길을 따라 점점 커지고 결국 너무 커져서 감당하기 어려워.

"아직 작은 눈덩이가 내 손안에 있다면 내리막길로 굴려 보내기 전에 솔직하게 마음을 털어놓아 봐. 용기를 내는 순간, 손안의 차가운 눈이 사르르 녹아내릴 거야."

친구들의 별별 생각 읽기

- **거짓말**은 따끔한 송곳이에요.
  왜냐하면 거짓말을 하면 송곳으로 쿡쿡 찌르는 것처럼
  마음이 따끔거리기 때문이에요.

- **거짓말**은 모래성 같아요.
  처음에는 단단해 보이지만 작은 파도나 바람에도 쉽게 무너져요.

- **거짓말**은 풍선을 닮았어요.
  풍선을 계속 불면 펑! 하고 터지는 것처럼
  거짓말도 계속하면 결국은 들통나요.

나만의 말랑말랑 생각 표현하기

거짓말은

왜냐하면

거짓말은

뭉게뭉게 생각 키우기

이 세상의 모든 거짓말은 나쁜 걸까?

일상생활 12

놀이나 재미있는 일을 하며 즐겁게 시간을 보내는 걸 말해요.

똑똑 생각 열기

꼼짝없이 책상 앞에만 앉아 있으면
꼼지락꼼지락 몸이 근질거릴 때가 있지? 그건 네 몸과 마음에
휴식이 필요하다는 신호야. 그럴 땐 자리에서 일어나서
친구들과 운동장을 달리면서 숨바꼭질도 하고,
블록 쌓기도 해 봐. 친구들과 실컷  보면 창문을 활짝
열어 둔 것처럼 몸과 마음에 신선한 바람이 불어 들어올 거야.

"놀고 싶은 마음이 드는 건 자연스러운 거야.
매일 창문을 열고 환기하듯
마음껏 놀고 실컷 웃는 시간을 가지렴."

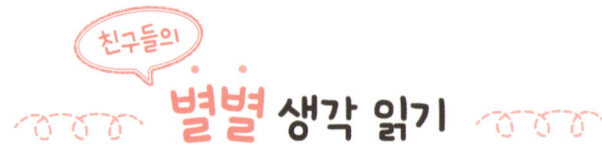

친구들의 별별 생각 읽기

🧁 **논다는 것**은 숨바꼭질과 같아요.
왜냐하면 여기저기 숨어 있는 재미를 찾아서 뛰어다니느라 바쁘니까요.

🧁 **논다는 것**은 시곗바늘이 날개를 다는 거예요.
책상 앞에 앉아 있을 땐 시곗바늘이 엉금엉금 기어가는데, 밖에 나가서 놀 때는 시곗바늘이 하늘을 훨훨 나는 것처럼 빨리 가요.

🧁 **논다는 것**은 비타민을 먹는 거예요.
놀 때에는 밥을 먹지 않아도 힘이 솟아나고 지치지도 않기 때문이에요. 그런데 엄마 아빠는 나한테 비타민이라고 하면서 나랑 놀면 금방 지치곤 해요. 왜 그런 걸까요……?

*'놀다'의 변형='논다'로 표기함.

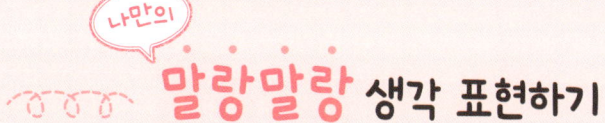

나만의 말랑말랑 생각 표현하기

논다는 것은

왜냐하면

논다는 것은

뭉게뭉게 생각 키우기

가장 좋아하는 놀이는 무엇이니?

병균이나 먼지 등을 막기 위하여 입과 코를 가리는 물건이에요.

똑똑 생각 열기

마스크를 쓰면 코와 입은 답답하지만
평소에 잘 보지 못했던 것을 자세히 볼 수 있어.
바로 친구의 눈이야.
눈에도 다양한 표정이 있다는 것을 알고 있니?
오늘 쉬는 시간에는 친구와
찬찬히 눈을 맞추고 대화해 보렴.

"마스크를 써도 네 눈빛은 빛나고 있어.
너와 눈을 마주 보며 대화하고 싶어.
눈빛으로 다정하게 마음을 나누고 싶어."

친구들의 별별 생각 읽기

- 🧁 **마스크**는 용감해지는 가면이에요.
  왜냐하면 마스크를 쓰면 겁먹은 표정을 숨길 수 있기 때문이에요.

- 🧁 **마스크**는 얼굴에 신는 양말이에요.
  매일 아침 신발을 신기 전에 양말을 신는 것처럼 요즘은 밖에 나가기 전에 마스크를 쓰는 게 자연스럽거든요.

- 🧁 **마스크**는 나를 지켜 주는 작은 방패예요.
  겨울마다 감기에 걸려서 콧물이 나고 기침이 심했는데 매일 마스크를 쓰고 다녔더니 바이러스를 막아 줘서 감기에 걸리지 않았어요.

나만의 말랑말랑 생각 표현하기

마스크는

왜냐하면

마스크는

뭉게뭉게 생각 키우기

만약 마스크를 쓸 때마다 목소리가 변한다면 어떤 목소리로 말하고 싶니?

일상생활 14

몸과 마음이 자라면서 어른이 되어 가는 시기를 말해요.

똑똑 생각 열기

는 몸도 마음도 변하는 시기야.
갑자기 키도 쑥쑥 크고,
때론 이유 없이 화가 나거나 슬퍼질 때도 있지.
애벌레가 고치 속에서 나비로 날아오를 준비를 하듯,
너의 마음과 몸도 새로운 모습으로 자라나고 있어.

"변화는 자연스러운 거야.
더 높이 날기 위해 힘을 기르는 나비처럼
너도 조금씩 자라나고 있어."

친구들의 별별 생각 읽기

🧁 **사춘기**는 간지러운 거예요.
왜냐하면 얼굴에 여드름이 나서 간지럽고,
좋아하는 친구가 생겨서 마음이 간질간질하니까요.

🧁 **사춘기**는 까칠한 우리 누나예요.
누나 방에 들어가면 나가라고 하고, 거실에서 놀고 있으면
시끄럽다고 해요. 또 궁금한 걸 물어보면
조용히 하라고 하고, 말을 안 하고 있으면
왜 뚱하게 있냐고 해요.
온종일 고슴도치처럼 까칠해요.

🧁 **사춘기**는 애매한 거예요.
더 이상 어린이가 아니지만 아직 어른이 된 것도 아니에요.
기분이 좋지도 않지만 딱히 나쁜 것도 아니에요.
뭐든 혼자 다 할 수 있을 것 같으면서도 아직은 겁이 나요.

나만의 말랑말랑 생각 표현하기

사춘기는

왜냐하면

사춘기는

뭉게뭉게 생각 키우기

나중에 나는 어떤 어른이 되어 있을까?

일상생활 15

세상에 태어난 날, 일 년에 딱 하루뿐인 소중한 날이에요.

똑똑 생각 열기

생일은 하나밖에 없는 소중한 내가 이 세상에 태어난 날이야.
매년 생일이 되면 두 가지를 해 봐.
먼저 거울 속 내 눈을 바라보면서
무사히 또 한 번의 생일을 맞이한 것을 축하해 줘.
그리고 부모님을 꼭 껴안으면서 이렇게 속삭이는 거야.

"엄마 아빠 덕분에 제가 이 세상에 태어날 수 있었어요.
오늘 하루 제가 받은 생일 축하를
부모님께 감사 인사로 돌려드리고 싶어요.
저를 낳아 주시고 키워 주셔서 감사합니다."

친구들의 별별 생각 읽기

- 🧁 **생일**은 내가 주인공이 되는 날이에요.
  왜냐하면 생일날에는 내가 먹고 싶은 것도 맘껏 먹을 수 있고,
  놀고 싶은 만큼 맘껏 놀기로 엄마 아빠랑 약속했거든요.

- 🧁 **생일**은 나만 케이크 촛불을 끌 수 있는 날이에요.
  동생이 아무리 촛불을 끄고 싶어 해도
  내 생일날만큼은 절대 양보할 수 없어요.
  촛불을 끄면서 아무도 모르게 소원을 빌었는데,
  올해는 꼭 이루어지면 좋겠어요.

- 🧁 **생일**은 쉽게 서운해지는 날이에요.
  나는 분명히 친구의 생일 선물을 챙겨 주었는데, 친구는
  내 생일을 까맣게 잊었는지 축하한다는 말도 안 하는 거 있죠?
  특히 친한 친구가 내 생일을 잊어버리면 정말 서운해요.

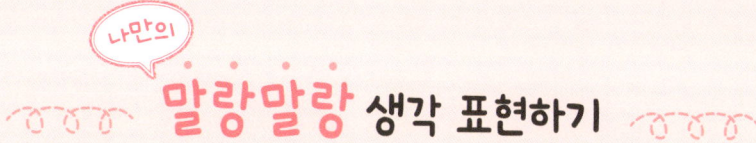

나만의 말랑말랑 생각 표현하기

생일은
왜냐하면

생일은

뭉게뭉게 생각 키우기

가장 기억에 남는 생일은 언제니?
그날의 이야기가 궁금해.

들고 다니면서 전화나 게임, 쇼핑 등을 할 수 있는 작은 기기예요.

하루 종일 손에서 떨어지지 않는 너, 없으면 왠지 불안한 너.
너의 이름은 바로 .
스마트폰은 말줄임표 같아.
지하철에서도, 친구들과 함께 있을 때도,
스마트폰을 들여다보면 대화가 점점 사라지니까.
같은 공간에 있어도 각자 다른 세상에 있는 것처럼
아무도 입을 열지 않아.

"스마트폰이 아닌 내 앞에 있는 너와
눈을 맞추고 오랫동안 이야기를 나누고 싶어."

친구들의 별별 생각 읽기

- 🧁 **스마트폰**은 손가락이 춤을 추는 무대예요.
  마치 탭 댄서처럼 손가락이 화면 위를 빠르게 두드리면서
  게임을 하고 메시지를 보내느라 쉴 틈이 없으니까요.

- 🧁 **스마트폰**은 시간 도둑이에요.
  책을 읽을 때는 시간이 달팽이처럼
  천천히 흐르는데, 스마트폰을 보고 있으면
  휙! 하고 달아나 버리거든요.

- 🧁 **스마트폰**은 요구르트예요.
  하나 먹으면 계속 먹고 싶은 요구르트처럼
  스마트폰도 한번 하기 시작하면
  멈출 수 없기 때문이에요.

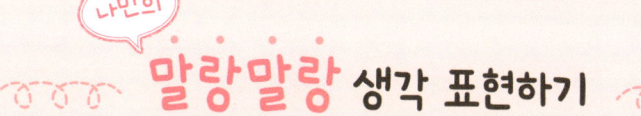

나만의 말랑말랑 생각 표현하기

스마트폰은 _____

왜냐하면 _____

스마트폰은 _____

뭉게뭉게 생각 키우기

만약 스마트폰으로 마법을 부릴 수 있다면 무엇을 하고 싶니?

옳고 그름을 구별하는 마음씨예요.

'에이, 눈 딱 감고 그냥 거짓말하면 되지!'
이럴 때 양심은 신발 속에 들어간 돌멩이처럼
내 마음을 불편하게 해.
'그러지 말고 솔직하게 말해 보는 게 어때?'
내 양심이 하는 말을 들으면, 신발 속 돌멩이를 털어 낸 것처럼
마음이 한결 가볍고 후련해.

"할까 말까 고민되거나, 왠지 모르게 마음이 불편할 때는
잠시 멈춰 서서 양심의 목소리에 귀 기울여 봐."

친구들의 별별 생각 읽기

- **양심**은 마음속 빨간 신호등이에요.
  왜냐하면 나쁜 일을 하려고 할 때, 마음 한쪽에서
  빨간불이 켜지며 멈춰야 한다고 알려 주거든요.

- **양심**은 채소예요.
  싫어하는 채소도 건강을 위해 먹어야 하는 것처럼
  마음 건강을 위해서는 양심을 꼭 지켜야 해요.

- **양심**은 심장 소리예요.
  양심이 움직일 때면 심장이 더 빨리,
  세게 뛰기 때문이에요. '쿵 쿵 쿵 쿵!'
  이럴 때는 잠시 멈추고 마음의 소리에
  귀 기울여야 해요.

나만의 말랑말랑 생각 표현하기

양심은

왜냐하면

양심은

뭉게뭉게 생각 키우기

양심이 눈에 보인다면
어떤 모양과 색깔을 가지고 있을까?

일상생활 18

나를 사랑으로 보살피는 어머니를 친근하게 부르는 말이에요.

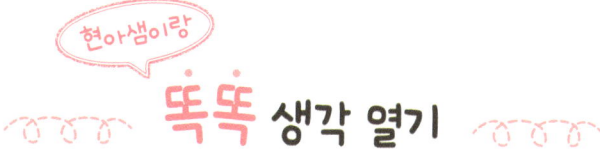

똑똑 생각 열기

태어나서 가장 먼저 배운 말은 무엇일까?
부르기만 해도 힘이 나는 사람은 누구일까?
울고 싶을 때 가장 먼저 생각나는 얼굴은?
선생님에게 그런 존재는 바로 엄마야. 엄마는 나와
가장 닮은 사람, 그리고 나를 가장 많이 안아 준 사람이기도 해.

"오늘 집에 가서 엄마를 꼭 안아 드려 봐.
엄마도 가끔은 네 따뜻한 품이 필요할 거야.
네 작은 두 팔이, 엄마에게 큰 힘이 되어 줄 거야."

친구들의 별별 생각 읽기

- **엄마**는 영원한 나의 1호 팬이에요.
  왜냐하면 내가 무엇을 하든, 어떤 모습이든 늘 한결같이 응원해 주는 단 한 사람이거든요.

- **엄마**는 살아있는 카메라예요.
  엄마는 나의 모든 처음을 기억하고 있어요.
  나도 앞으로 엄마의 카메라가 되어 줄래요.
  엄마를 더 많이 기억하고, 더 많이 사랑할 거예요.

- **엄마**는 뭉게구름이에요.
  엄마 품에 안기면 뭉게구름 이불을 덮은 것처럼 포근하니까요.

나만의 말랑말랑 생각 표현하기

엄마는

왜냐하면

엄마는

뭉게뭉게 생각 키우기

눈을 감고 엄마 얼굴을 떠올려 봐.
나랑 가장 닮은 점은 무엇일까?

하루 동안 겪은 일이나 생각, 느낌을 적는 공책이에요.

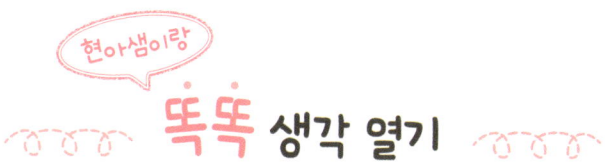

똑똑 생각 열기

앨범 속 사진을 보면 내 키가 얼마나 자랐는지 알 수 있어.
을 펼치면
내 생각이 얼마나 깊어졌는지 알 수 있지.
작년엔 어떤 고민을 했는지, 그때 어떤 감정을 느꼈는지,
일기장에 생생하게 남아 있어.

"눈에 보이지 않는 내 마음이
일기장 속에 선명하게 기록되어 있어.
내 생각이 얼마나 자랐는지 궁금할 때는
찬찬히 일기장을 들여다봐."

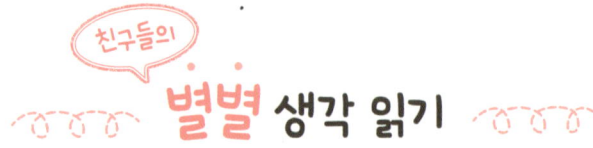

친구들의 별별 생각 읽기

🧁 **일기장**은 내 마음속 휴지통이에요.
  왜냐하면 오늘 하루 힘들고 속상했던 일, 화났던 일을 일기장에
  적고 나면 마음이 조금은 가벼워지기 때문이에요.

🧁 **일기장**은 벽돌로 집을 만드는 것과 같아요.
  벽돌을 하나씩 쌓아 올려 튼튼한 집을 만드는
  것처럼, 매일 꾸준히 쓴 일기가 쌓여서 나의
  생각과 마음을 단단하게 만들어 주니까요.

🧁 **일기장**은 나만의 비밀 서랍장이에요.
  다른 사람에게 말하기 어려운 비밀 이야기도
  일기장에 담아 둘 수 있고, 내가 보고
  싶을 때면 언제든 꺼내 볼 수 있으니까요.

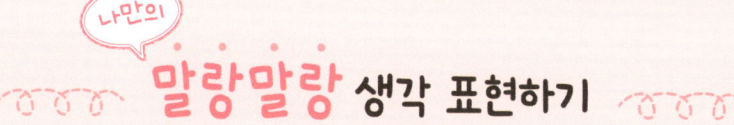

말랑말랑 생각 표현하기

일기장은
_____
왜냐하면
_____
_____
_____

일기장은
_____
_____
_____
_____

뭉게뭉게 생각 키우기

내 일기장에 별명을 짓는다면
뭐라고 부르는 게 좋을까?

일상생활 20

누구의 도움 없이 스스로 무언가를 해낼 수 있을 때 하는 말이에요.

  생각 열기

혼자 할 수 있어요 라는 말은
마법의 주문 같아. 처음엔 서툴고 어렵지만,
스스로에게 이 말을 들려주면
한 번 더 도전할 용기가 생기거든.

"나도 혼자 할 수 있어. 실수해도 괜찮아.
처음은 누구에게나 어려운 법이니까.
혼자서 해 보겠다고 결심하는 것만으로도
이미 대단한 거야."

친구들의 별별 생각 읽기

- 🧁 '혼자 할 수 있어요'는 엄마를 서운하게 하는 말이에요.
  왜냐하면 엄마는 나를 돌봐 줄 때 가장 행복하기 때문에,
  내가 스스로 해내면 기특하면서도 어쩐지 마음 한쪽이 허전하대요.

- 🧁 '혼자 할 수 있어요'는 기회를 달라는 뜻이에요.
  내 힘으로 해낼 수 있는데 엄마 아빠는
  자꾸만 걱정해요. 나에게도 혼자 해 볼 수 있는
  기회를 주세요, 제발!

- 🧁 '혼자 할 수 있어요'는 다 컸다는 말이에요.
  내일 학교에 가져갈 준비물을 스스로 챙기고,
  내일 입을 옷을 혼자 골라서 꺼내 놓고 자요.
  키도 더 빨리 자라면 좋겠어요.

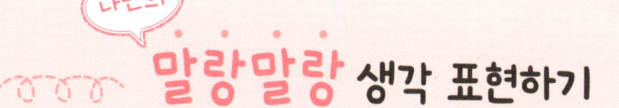

나만의 말랑말랑 생각 표현하기

'혼자 할 수 있어요'는

왜냐하면

'혼자 할 수 있어요'는

뭉게뭉게 생각 키우기

스스로 다 컸다고 느끼는 순간이 있었니?
언제였는지 들려줘.

마음 한 뼘이 자라나요

3

가치·감정

가치·감정 21

끈기

쉽게 포기하지 않고 오래 버티는 힘을 말해요.

끈기는 쉽게 풀리지 않는 수학 문제를
포기하지 않고 끝까지 물고 늘어지는 거야.
'내가 이기나, 문제가 이기나 문제랑 한판 붙어 보자!'
이렇게 나 자신과의 싸움에서 끝까지 버티고,
끊임없이 고민하다 보면 마침내 스스로 답을 찾을 수 있어.
그 순간 느껴지는 성취감과 기쁨은 오랫동안 마음에 남아.

"빗방울이 쉬지 않고 떨어지면 단단한 바위도 움푹 파이고,
그 자리에 물이 고인단다. 포기하지 않고 끈질기게 노력하면,
넌 무엇이든 해낼 수 있어."

친구들의 별별 생각 읽기

🎁 **끈기**는 '조금만 더'를 열 번이나 마음속으로 말하는 거예요.
왜냐하면 추운 겨울, 새해 일출을 보려고 발 동동 구르며 기다릴 때
'이제 집에 가고 싶다' 싶은 순간에도 '조금만 더'를 말하다 보면
어느새 저 멀리 환한 해가 떠오르거든요.

🎁 **끈기**는 놀이공원에서 긴 줄을 참고 서서
기다리는 거예요. 40분 동안 꾹 참고
기다린 만큼 롤러코스터를 타는
그 짧은 순간이 더 짜릿하고 신났어요.

🎁 **끈기**는 결국엔 시원하게 웃는 거예요.
오래달리기를 할 때 중간에 그만두고 싶었지만
포기하지 않고 끝까지 달렸어요. 다 마치고 나서
친구들과 찬물에 세수를 하면서 시원하게
웃었는데 기분이 날아갈 것 같았어요.

  생각 표현하기

끈기는

왜냐하면

끈기는

 생각 키우기

힘들지만 꾹 참고
끝까지 해낸 일은 무엇이 있니?

가치·감정 22

뜻밖에 일이 잘 풀려서 마음이 놓이고 흡족한 상태예요.

합창 대회를 위해 합창단 친구들과 열심히 연습했는데 막상 대회 날에 감기 때문에 합창단 중 절반이 결석했어. 어려운 상황이었지만 마음을 모아서 최선을 다해 노래했지. 그날 우리가 3등을 했어. 포기하지 않고 끝까지 해냈다는 것만으로 얼마나 ! 모두 함께 손을 잡고 폴짝폴짝 뛸 정도로 기뻤어.

"다행스럽다는 건 걱정했던 것보다 훨씬 만족스러울 때 드는 마음이야. 등수에 상관없이 마음껏 기뻐할래."

친구들의 별별 생각 읽기

🎁 **다행스럽다**는 건 '후유' 하고 안도의 한숨을 내쉬는 거예요.
왜냐하면 어제 늦게까지 놀다가 숙제를 못 했는데
선생님께서 오늘따라 검사를 하지 않으셨거든요. '후유, 다행이다!'
아무도 몰랐겠지만 나 혼자 조용히 안도의 한숨을 쉬었어요.

🎁 **다행스럽다**는 건 뜻밖에 받은 선물이에요.
신발 가게에 갔는데 사고 싶었던 운동화가 모두 다 팔렸다고 했어요.
그런데 다른 직원이 딱 한 켤레 남은 신발을 가져다주셨어요.
"와, 선물을 받는 기분이야. 못 살 줄 알았는데 참 다행이야!"

🎁 **다행스럽다**는 건 행운이에요.
학교에서 중간 놀이 시간이 끝날 때쯤,
보드게임 정리하는 사람을 정하려고
가위바위보를 했어요. "앗싸, 이겼다!"
오늘 행운은 나의 편! 친구들아, 수고해!

말랑말랑 생각 표현하기

다행스럽다는 _____

왜냐하면 _____

_____

_____

다행스럽다는 _____

_____

_____

_____

_____

뭉게뭉게 생각 키우기

다행스럽다는 느낌은
어떤 날씨로 표현할 수 있을까?

가치·감정 23

겁이 나거나 마음이 불안한 상태를 말해요.

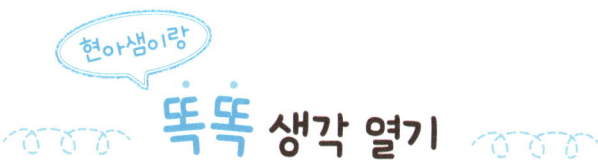

똑똑 생각 열기

두려움을 느끼는 건 성장하고 있다는 증거야.
새로운 것에 도전할 때는 심장이 쿵쿵 뛰고
손바닥에 땀이 날 만큼 긴장되고 떨리지.
하지만 그건 내가 한 발짝 더 나아가고 있다는 신호야.
아무것도 시도하지 않으면 두려울 일도 없으니까.

"두려울 땐, 아랫배에 힘을 딱 주고 웅크린 어깨를 쭉 펴 봐.
구겨진 종이처럼 쭈그러들었던 마음이 쫙 펴지고
씩씩한 기운이 솟아날 거야."

친구들의 별별 생각 읽기

🎁 **두려움**은 가짜 그림자예요.
왜냐하면 지난번 수업 시간에 발표할 때
떨리고 무서웠는데, 막상 발표를 시작하니까
그렇게 무섭지 않았기 때문이에요.
내 그림자가 커 보여서 무서웠던 것처럼,
두려움도 실제보다 더 크게 느껴졌던 거예요.

🎁 **두려움**은 3월에 새로운 반이 되어서 친구를 사귈 때의 기분이에요.
'올해는 아는 친구가 한 명도 없는데 누구랑 놀지?'
'다들 친한 것 같은데 나만 친구가 없어서 어떡하지?'
새 학기가 시작될 때마다 아침에 학교 가는 게 걱정되고 두려워요.

🎁 **두려움**은 한 번도 해 보지 않은 일을 시도하는 거예요.
수학 시간에 손을 번쩍 들고 일어나서 발표하기, 난생처음
반장 선거에 나가 당당하게 공약을 말하기. 처음 해 보는 일이라서
두려웠지만 꾹 참고 했더니 생각보다 더 뿌듯했어요.

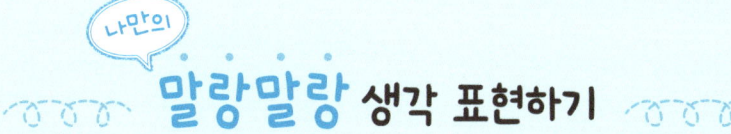

두려움은
_____

왜냐하면
_____
_____
_____

두려움은
_____
_____
_____
_____
_____

뭉게뭉게 생각 키우기

두려움을 이겨 내는
나만의 비법이 있다면 무엇일까?

가치·감정 24

어떤 사실이나 사람에게 갖는 확실한 마음이에요.

똑똑 생각 열기

믿음은 자고 일어나면
내일이 온다고 생각하며 안심하는 거야.
깜깜하고 긴긴밤을 보내고 나면
반드시 태양이 떠오르고
어두웠던 눈앞이 환해질 거라고
나 자신을 다독이는 거야.

"겨울이 가면 봄이 오고
오늘 밤이 지나면
반드시 내일의 해가 뜰 거야."

친구들의 **별별** 생각 읽기

🎁 **믿음**은 성적이 떨어졌을 때 엄마가 화내도 내 마음이 괜찮은 거예요.
왜냐하면 엄마가 나를 미워해서 화내는 게 아니라는 걸 나는 잘
알고 있으니까요. 나는 엄마의 사랑을 믿어요. 엄마, 내 말이 맞죠?

🎁 **믿음**은 눈에 보이지 않는 슈퍼 투명 망토예요.
지난주 발표회 때 너무 긴장되었지만
"할 수 있어!"라는 엄마의 말을 듣고
용기를 냈거든요. 그 말을 믿고 무대에 섰을 때,
꼭 슈퍼 투명 망토를 입은 것처럼 든든했어요.

🎁 **믿음**은 할머니 할아버지와 헤어질 때 서운하지 않은 거예요.
다음 주말에 또 만나서 행복한 시간을 보낼 거라고 확신하거든요.

나만의 말랑말랑 생각 표현하기

믿음은

왜냐하면

믿음은

뭉게뭉게 생각 키우기

친구나 가족 관계에서
믿음이 필요한 순간은 언제일까?

가치·감정 25

기쁨으로 가득 차서 마음이 벅찬 상태예요.

똑똑 생각 열기

내 힘으로 무언가를 해냈을 때,

내가 다른 사람에게 도움이 된다고 느낄 때,

아무도 보지 못했지만 나 자신에게 멋진 모습을 보여 주었을 때,

뿌듯한 마음이 커다란 풍선처럼 부풀어 올라.

그 풍선을 타고 하늘을 날아오르면

더 멀리 더 높게 나아갈 수 있어.

"뿌듯하다는 건 마음이 풍선처럼 부풀어 오르는 거야.

그 마음을 타고 하늘을 날아가면

매일 조금씩 성장하는 너와 만날 수 있을 거야."

친구들의 별별 생각 읽기

🎁 **뿌듯함**은 내 방 청소를 끝내고 방을 쭉 둘러보는 순간이에요.
왜냐하면 엉망진창이었던 방을 싹 청소하고 나면 기분이 말끔해지고
보람차거든요. 이 방에서라면 무엇이든지 할 수 있을 것만 같은
기분이 들어요.

🎁 **뿌듯함**은 동생 시험공부를 도와주었는데
백 점을 받아 오는 거예요.
"언니가 알려 준 내용이 시험에 다 나왔어.
도와줘서 고마워!" 동생이 이렇게 말했을 때,
내가 백 점을 받은 것보다 훨씬 더 뿌듯했어요.

🎁 **뿌듯함**은 버스에서 할머니께 자리를 양보해 드렸을 때 나오는
미소예요. 다리가 불편하신 할머니께 자리를 양보해 드렸더니
할머니께서 "고마워요."라고 말씀하셨어요. 가는 내내 서서
가야 했지만 마음은 가볍고 자꾸만 웃음이 나왔어요.

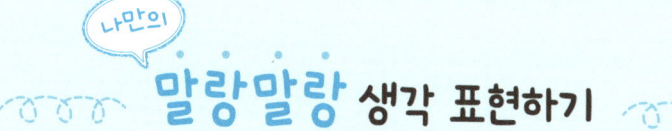 생각 표현하기

뿌듯함은

왜냐하면

뿌듯함은

 **뭉게뭉게** 생각 키우기

지난주에 가장 뿌듯했던 순간이 언제였는지 떠올려 볼래?

가치·감정 26

잔뜩 들떠서 두근거리는 마음이에요.

똑똑 생각 열기

설렘은 여행 가기 전날 밤에 느끼는 기분이야.
'내일은 어떤 재미있는 일이 기다리고 있을까?'
가슴을 콩닥거리면서 상상하면
아직 어딘가로 떠나지 않았어도
침대에 누워 있는 그 순간부터 여행이 시작되지.

"무엇이 네 가슴을 설레게 하니?
오늘 밤에는 자기 전에 가만히 누워서
너를 두근거리게 하는 것이 무엇인지 하나둘 떠올려 봐."

친구들의 별별 생각 읽기

🎁 **설렘**은 '띵동!' 택배 기사 아저씨와 함께 오는 거예요. 왜냐하면 내 생일 선물을 배달해 주실 택배 기사 아저씨를 기다릴 때 '띵동!' 초인종 소리가 울리면 가슴이 두근두근하거든요. 그런데 오늘은 초인종 소리가 울려서 신나게 달려 나갔더니, 택배 기사 아저씨가 아니라 언니였어요……

🎁 **설렘**은 토요일 아침에 눈을 떴을 때 느끼는 기분이에요. "이런, 8시에 일어나다니, 지각이다! 잠깐, 그러고 보니 오늘은 토요일이네! 이대로 침대에서 더 뒹굴뒹굴해도 된다니 너무 설레잖아!"

🎁 **설렘**은 마음이 간질간질하고 얼굴에 자꾸만 미소가 지어지는 거예요. 좋아하는 친구랑 짝이 되었을 때 학교에 있는 내내 자꾸만 웃음이 나왔어요. 좋아하는 친구 얼굴만 떠올려도 가슴이 두근거리고 얼른 학교로 달려가고 싶어요.

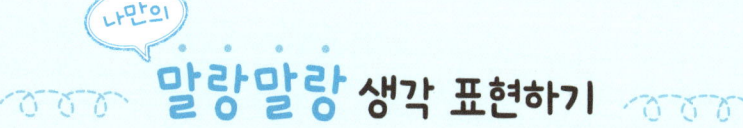

나만의 말랑말랑 생각 표현하기

설렘은 _____

왜냐하면 _____

_____

_____

설렘은 _____

_____

_____

_____

_____

뭉게뭉게 생각 키우기

가장 설렜던 순간은 언제였어?
그때 어떤 일이 있었니?

가치·감정 27

씩씩하게 말하고 행동할 수 있는 굳센 마음이에요.

똑똑 생각 열기

방송부 동아리에 도전하고 싶은데 떨어질까 봐 자꾸 망설일 때,
친구에게 내가 먼저 사과하고 싶은데 차마 입이 안 떨어질 때.
그럴 때는 선생님의 따뜻한 손이
네 등을 부드럽게 밀어 준다고 생각해 봐.
용기가 퐁퐁 솟아날 거야.

"선생님의 따뜻한 손은 '괜찮아, 한번 해 보자' 하고
등 뒤에서 너를 살며시 밀어 주는 힘이야.
그 힘에 기대어서 천천히 용기 있게 나아가 봐."

친구들의 별별 생각 읽기

🎁 **용기**는 전에 해 보지 않았던 것을 시도하는 거예요.
왜냐하면 식당에서 매일 먹던 메뉴가 아닌,
새로운 음식을 주문하려면 용기를 내야 하거든요.
한 번도 입어 보지 않은 색깔의 옷을 입을 때에도
용기가 필요해요.

🎁 **용기**는 마음이 불타오르는 거예요.
'눈 딱 감고 한번 해 볼까?' 결심하는 순간,
가슴 속에 뜨거운 불씨가 생겨요.
처음엔 무섭고 떨리지만, 용기가 점점 커지면
가슴이 따뜻해지고 어느새 두려움은 사라져요.

🎁 **용기**는 내가 하고 싶은 말을 자신 있게 하는 거예요.
친구랑 다투었을 때 먼저 "미안해."라고 말하고,
수업 시간에 궁금한 게 생기면 손을 번쩍 들고 질문하는 거예요.

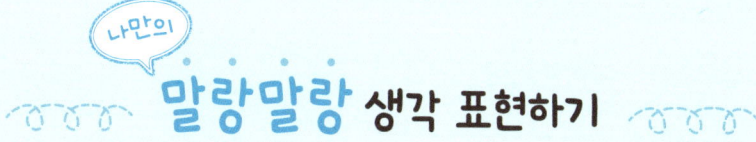

나만의 말랑말랑 생각 표현하기

용기는

왜냐하면

용기는

뭉게뭉게 생각 키우기

용기가 필요한 순간,
나에게 어떤 말을 해 주면 좋을까?

가치·감정 28

온 힘과 노력을 들이려는 성실한 마음이에요.

똑똑 생각 열기

정성은 엄마가 반찬을 만들 때
마지막에 솔솔 뿌리는 고소한 깨소금과 같아.
무슨 일이든 끝까지 야무지게 마무리하겠다는 마음,
내가 할 수 있는 최선을 다하는 태도가
바로 그 깨소금 안에 담겨 있어.

"숙제를 대강 해치우고 싶을 때,
손끝에 힘을 꾹 주고 끝까지 정성을 담아 봐.
다 하고 나면 깨소금처럼 고소하고 향긋한 보람이
마음속에 솔솔 퍼질 거야."

친구들의 별별 생각 읽기

🎁 **정성**은 손가락에 힘을 주는 거예요.
왜냐하면 종이접기를 할 때 정성스럽게 접으려면
손가락에 힘을 바짝 주고 집중해야 하거든요.
그래야 선에 맞춰 똑바로 접을 수 있어요.

🎁 **정성**은 좋아하는 친구에게 마음을 담아 꾹꾹 눌러쓴 편지예요.
편지를 쓰기 전에 빈 종이에 글씨를 썼다 지웠다 연습해요.
제일 예쁜 글씨로 내 마음을 전하고 싶거든요.
한 글자 한 글자 천천히 마음을 담아 꾹꾹 눌러쓰면 친구가
내 마음을 알아봐 주겠지요?

🎁 **정성**은 식물을 돌보는 마음이에요.
내가 심은 식물을 잘 키우고 싶어서 신경을
많이 써요. 아침마다 햇볕을 쬐어 주고
매일 물을 주면서 정성을 다해 돌보아요.

나만의 말랑말랑 생각 표현하기

정성은

왜냐하면

정성은

뭉게뭉게 생각 키우기

정성이 담긴 물건이나 행동을 받아 본 적 있어? 그때 어떤 기분이 들었니?

가치·감정 29

맡아서 해야 하는 일을 말해요.

책임은 우리 교실에서 네가 맡은 한 가지 역할을
성실하게 해내는 거야. 네가 할 수 있는 1인분의 몫을 다하는 거지.
아침에 교실에 들어오면 창문 활짝 열기,
창가에 있는 화분에 물 주기, 책꽂이에 흐트러진 책 정리하기.
네가 맡은 한 가지 역할은 무엇이니?

"많은 것을 다 잘하지 않아도 괜찮아.
오늘 하루, 네가 맡은 딱 한 가지 일만큼은
야무지게 해낼 수 있어."

친구들의 별별 생각 읽기

🎁 **책임**은 동생을 잘 데리고 집으로 가는 거예요.
왜냐하면 학교가 끝나면 걸음이 느린 동생을 두고 혼자 집으로 가 버리고 싶을 때가 있거든요. 그래도 나는 언니니까 동생의 속도에 맞춰서 천천히 함께 걸어요.

🎁 **책임**은 약속을 지키는 거예요.
숙제를 다 하고 게임을 하기로 스스로 약속했기 때문에, 꾹 참고 숙제를 먼저 했어요.

🎁 **책임**은 내가 실수한 것을 끝까지 마무리하는 거예요.
팝콘을 들고 뛰어가다가 넘어져서 길거리에 다 쏟았을 때, 넘어진 게 부끄럽고 팝콘을 못 먹은 것도 속상했지만 스스로 끝까지 치웠더니 마음이 홀가분했어요.

나만의 말랑말랑 생각 표현하기

책임은

왜냐하면

책임은

 뭉게뭉게 생각 키우기

오늘 하루, 내가 책임감 있게 행동했다고 느낀 순간은 언제일까?

가치·감정 30

통쾌함

아주 즐겁고 유쾌한 상태를 말해요.

통쾌함은 이어달리기에서
꼴찌였던 우리 반이 멋지게 역전해서 1등을 차지한 순간이야.
열심히 달리던 지현이가 넘어져서 우리 반이 꼴찌가 되었어.
그때 시우가 바통을 받아서 치타처럼 빠르게 달리기 시작했어.
"와!" 온 학교가 들썩일 만큼 큰 환호성과 함께
시우는 앞서가던 세 명을 제치고 결승선을 통과했어.
우리 반은 당당하게 1등을 했지.

"땀 흘리며 끝까지 포기하지 않은 우리 반!
이 짜릿함과 통쾌함, 마음껏 누려라!"

친구들의 별별 생각 읽기

🎁 **통쾌함**은 열심히 노력해서 원하는 점수를 받는 순간이에요.
왜냐하면 '나도 마음먹으면 할 수 있구나!' 하고 세상을
다 가진 것처럼 짜릿했거든요. 홈런을 날린 야구 선수처럼요.

🎁 **통쾌함**은 잠잘 때 귓가에서 앵앵거리던 모기를
한 번에 딱! 잡는 순간이에요.
'와, 이제야 제대로 잠을 잘 수 있겠다.'
두 발 뻗고 푹 잤어요.

🎁 **통쾌함**은 피구할 때 빠르게 날아오는
공을 딱! 잡는 순간이에요.
"좋아, 이번엔 내가 공격이야! 다들 각오해!"
힘차게 달리면서 공을 던질 때,
기분이 날아갈 것 같아요.

나만의 말랑말랑 생각 표현하기

통쾌함은

왜냐하면

통쾌함은

뭉게뭉게 생각 키우기

나는 어떨 때 통쾌함을 느낄까?

다양한 SNS 채널에서 아울북과 을파소의 더 많은 이야기를 만나세요.

인스타그램 @owlbook21   네이버카페 owlbook21   유튜브 @아울북&을파소

내가 만드는 초등 첫 가치 사전

글 이현아
그림 김해선

1판 1쇄 인쇄 2025년 4월 4일
1판 1쇄 발행 2025년 4월 17일

펴낸이 김영곤
프로젝트3팀 이장건 김의헌 박예진 이지현 김혜지
디자인 김단아
편집팀 정지은 김경애
마케팅팀 남정한 나은경 한경화 최유성 전연우
영업팀 한충희 장철용 강경남 황성진 김도연
제작팀 이영민 권경민

펴낸곳 ㈜북이십일 아울북
출판등록 2000년 5월 6일 제406-2003-061호
주소 (10881) 경기도 파주시 회동길 201(문발동)
전화 031-955-2100(대표) 031-955-2168(기획편집) 팩스 031-955-2122

ISBN 979-11-7357-181-7 (73190)

* 책값은 뒤표지에 있습니다.
* 이 책 내용의 일부 또는 전부를 재사용하려면 반드시 ㈜북이십일의 동의를 얻어야 합니다.
* 잘못 만들어진 책은 구입하신 서점에서 교환해 드립니다.

- 제조자명 : ㈜북이십일
- 주소 및 전화번호 : 경기도 파주시 문발동 회동길 201(문발동) / 031-955-2100
- 제조년월 : 2025.4
- 제조국명 : 대한민국
- 사용연령 : 5세 이상 어린이 제품

더 멋진 초등학생이 되기 위한 비법 1탄

첫 번째 비법! 사회성 기르기

사회성은 어른들에게만 필요한 게 아니야.
나, 관계, 세상을 다룬 100개의 말을 통해
어휘력, 표현력, 사회성을 기를 수 있다고!

난 사회성 있는 어린이~

 〈어린이 첫 사회성 사전〉
◀ 미리보기

두 번째 비법! 문해력 키우기

BEST!

이다희 선생님과 함께 신문을 읽고 생각을
쓰다 보면 사고력, 창의력, 문해력이 쑥쑥 자라나!

쑥쑥 자라라, 문해력!

 〈초등 첫 문해력 신문〉
◀ 미리보기

세 번째 비법! 교양 쌓기

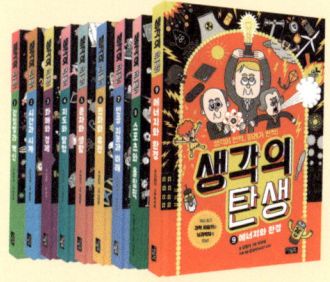

카이스트 김대식 교수님 기획 자문!
교양 있는 어린이를 위한 필수 도서!
이건 반드시 읽어 봐야 하지 않겠어?

지식의 바다는 넓고 넓구나!

 〈생각의 탄생 시리즈〉
◀ 미리보기

YES24, 교보문고, 알라딘 등 온라인 서점 및 전국 오프라인 서점에서 만나 보실 수 있습니다.

더 멋진 초등학생이 되기 위한 비법 2탄

첫 번째 비법! 어휘 박사 되기

책 읽기가 어렵다고? '슬기로운 초등생활' 이은경 선생님이 직접 선정한 초등 어휘·관용 표현·맞춤법 540개면 금방 어휘 박사가 될걸?

 〈이은경 선생님의 초등 어휘 대백과〉
◀ 미리보기

글밥이 많은 책도 술술~

두 번째 비법! 경제 박사 되기

난 벌써 주식 계좌도 갖고 있어. 대단하다고? 대한민국 경제 교육 멘토 전인구 선생님의 경제 수업을 들어 봐. 나처럼 경제 박사가 될 거야.

 〈전인구 선생님의 어린이 경제 개념 대백과〉
◀ 미리보기

이번 용돈은 어떻게 쓸까?

세 번째 비법! 긍정 박사 되기

내가 늘 자신 있어 보인다고? 그건 바로 이다희 선생님이 알려 준 60가지 마법의 문장 덕분이지. 자존감을 키워 주고 용기를 북돋워 준다고!

 〈어린이 긍정 확언〉
◀ 미리보기

오늘도 자신감 뿜뿜!

YES24, 교보문고, 알라딘 등 온라인 서점 및 전국 오프라인 서점에서 만나 보실 수 있습니다.